Die LYRIKEDITION 2000 wird herausgegeben von
Heinz Ludwig Arnold

Das Buch

Mit »Dorthin, wo das Meer beginnt« legt Hans Dieter Schmidt seinen zehnten Lyrikband vor.
Gedichte, die erfüllt und getragen sind von Licht. Verse, mit denen der Leser wie auf Zauberteppichen durch Länder und Zeiten reist und die dennoch stets von Gedankenschärfe und Klarheit geprägt sind. So urteilte schon Peter Jokostra in »Westermanns Monatshefte(n)«: »Die Gedichte haben eine sehr subtile, gar nicht sentimentalische Beziehung zur Umwelt, zur Landschaft, zu den Phänomenen des elementaren Daseins ... Schmidt gestattet uns keine Illusion, kein Ausweichen, kein Augenverschließen ...«

Dr. Ludwig Steinherr

Der Autor

Hans Dieter Schmidt, Jahrgang 1930, studierte an der Universität Heidelberg Germanistik, Geschichte, Anglistik und Philosophie. Von 1957 bis 1993 war er Gymnasiallehrer. Er veröffentlichte Lyrik und Prosa, zuletzt den Gedichtband »Die blaue Helle der Milchstraße«. Für sein literarisches Werk erhielt er mehrere Preise und Auszeichnungen, u.a. den Georg-Mackensen-Preis 1973, die Dauthendey-Medaille 1979, den Kulturpreis der Stadt Wertheim 1980. Der Autor lebt in Wertheim am Main.

Hans Dieter Schmidt

Dorthin, wo das Meer beginnt

Gedichte

LYRIKEDITION 2000

Die LYRIKEDITION 2000 ist ein Books on Demand-Verlag der Buch & medi@ GmbH, München. Dieser Verlag publiziert ausschließlich Books on Demand in Zusammenarbeit mit der Books on Demand GmbH, Norderstedt, und dem Hamburger Buchgrossisten Libri. Die Bücher werden elektronisch gespeichert und auf Bestellung gedruckt, deshalb sind sie nie vergriffen. Books on Demand sind über den klassischen Buchhandel und Internet-Buchhandlungen zu beziehen.

Weitere Informationen über den Verlag und sein Programm unter: www.lyrikedition-2000.de

Bibliographische Information Der Deutschen Bibliothek

Die Deutsche Bibliothek verzeichnet diese Publikation in der Deutschen Nationalbibliographie; detaillierte bibliographische Daten sind im Internet über <http://dnb.ddb.de> abrufbar.

LYRIKEDITION 2000
Ein Books on Demand-Verlag der Buch & medi@ GmbH, München
© 2003 Hans Dieter Schmidt
Umschlaggestaltung: Bauer+Möhring, Berlin
Herstellung: Books on Demand GmbH, Norderstedt
Printed in Germany · ISBN 3-86520-013-3

Für Brigitte

»... *wie schön ist Arion – sagen die Mädchen –
wenn er ins Meer hinausschwimmt
einsam,
nur mit dem Kranz der Horizonte
auf dem Kopf* ...«

Zbigniew Herbert

ÜBER DEN FLUTEN

Über den Fluten schwimmen die Inseln,
das Licht umgürtet sie
und knüpft sie an den Himmel,
damit nicht verloren gehe,
was aus der Ferne stieg.

Die Tempel leuchten noch
in unseren geschäftigen Mittag,
und manchmal streckt jemand die Hand aus,
als gälte es dort drüben einen Halt zu finden.

Aber wer kennt die wahren Entfernungen?

Vor unseren Augen flimmert das Land,
bäumt sich die Hitze, wandern die Schatten
nackter Mädchen herunter zum Strand,
um Abschied zu nehmen, bevor die Nacht
unsere Blicke löscht und sie heimkehren
in jenen Schaum, aus dem sie geboren.

Kommen und Gehen

Die Erde für sich noch
im Schlaf der Frühe.

Aus den Felsen wachsen
Schattenhände.

Der drückende Atem
des Nebels.

Grauviolett steigen
die Stunden ins Meer.

Was bleiben will, brennt
als Salz in den Augen.

Die Trauer steht als Gespenst
im Morgen.

Der Steinbrucharbeiter

Über das Meer war er gekommen.
Dreißig Jahre ist es schon her.

Die Schwielen haben die Finger
fühllos gemacht, hart.

Sein Gang ist gebückt,
die Lasten des Steinbruchs
haben sein Leben zusammengepresst.

Wortlos sitzt er am Tisch
bei seiner Frau.

Vielleicht ist auch dies
keine Möglichkeit mehr.

Einmal im Jahr nur fährt er hinaus
und blickt auf das Meer.

Kap Sunion

Wo die Erde endet:
der Schattenriss eines Tempels,
gegen den Himmel gesetzt.

Die lange Zunge des Meeres
schabt am Grunde der Felsen.

Oben steht einer und
öffnet langsam die Arme:
Er sammelt Ferne,
die Utopie seines Alters.

Wo die Erde endet,
wachsen die Träume
ins Unbeschrittene.

NIKE, EINE SANDALE LÖSEND

Noch einmal
die Schwere des pentelischen Marmors
hinter sich lassen.

Noch einmal
der prüfende Griff nach dem Leder.

Noch einmal
zurückkehren von den flüchtigen
Siegen.

Das Gewand löst sich
in die Hingabe des Körpers
ans Licht.

Im griechischen Theater von Syrakus

Keine Silbe mehr zwischen den Steinen
aus Aischylos' Tragödie.

Was aus den Ritzen kommt,
ist Unkraut.

Trocken die Erde,
über den Mauern
die Eidechsensonne.

Die Gebärde des Lichts
vor der verschwundenen Skene
steht antwortlos
im Abend.

BRANCUSI
für Irene Gramlich

Hinuntergehen
zur Stadt, hinübergehen
zu den Brücken,
den Häusern,
leicht die Hand
auf den Stein legen,
das Gesims aus Stille
vor Augen.

Tritt zurück, ergreife
den Meißel,
wage den Schlag:
Es wird heller werden
die Stunde, heller
die Dämmerung,
heller hinter den Lidern.

Komm, geh rasch hinab,
greif ins Geheimnis
des Steins.
Zeichne es in
den Wind.

AGAMEMNON KOMMT

Mit den Omnibussen
rollt der Tag davon.
Die Steine halten
langsam Einkehr
bei den Schatten.
Das Licht schwindet
aus der Orchestra.
Nur Agamemnon kommt
die Stufen herauf
und schreit: Wehe!

MYKENE

Erfunden Agamemnon
und seine blutrote Geschichte.
Die falsche Umarmung
Klytämnestrens.
Erfunden der finstere Blick
Orests, als er das Tal
von Argos heraufkam.
Erfunden die Schreie
hinter den stürzenden
Mauern.
Erfunden der Schatten
des Adlers
über der Bergschlucht
des Chaos'.
Erfunden Homer,
die Rufe Kassandras,
erfunden die Sage
von Griechenland.

Keine Beweise dafür,
dass wir etwas dazugelernt.
Zur Besichtigung
freigegeben
die leere Gebärde
des Steins.

Mohn aus Mykene

Hinter der Getränkebude
am Schatzhaus des Atreus
fleckt sich der Berghang
blutrot.
Wie lange währt
das Vergessen?
Über die Burgstadt
stürmte das Lachen
Elektrens.
Eingepresst ins Notizbuch
trag ich den Schlaf
der Jahrtausende
nach Haus.
Dort färbt er sich
schwarz.
Antwortlos
starr ich ihn an.

»Dieses ganze Schreiben ist nichts als die Fahne des Robinson auf dem höchsten Punkt der Insel.«

Franz Kafka

ATHEN

Auf dem Hügel schimmert
noch weißgelb
das Trümmerfeld
Akropolis.
Um die Felsen
versammeln sich
die grauen Klötze
der Häuser.

Die Tempel sind leer,
Athene
hat ihre Stadt verlassen.
Durch die Straßen
jagen
gummibereift
nur noch Erinnyen.

Kretischer Morgen

Der Wind treibt die Nacht
hinaus auf das Meer.
Das Licht erhebt sich
über den Horizont.
Die Erde gedenkt noch des Schlafs
in ihrem gelassenen Atmen.

Unsere Sohlen reiben den Sand,
unsere Haut fängt die ersten Strahlen des Tags.

Wir laufen hinein in das steigende Meer,
die Hände verschränkt, die Lippen noch nass,
die Augen noch trunken von unserem
nächtlichen Blick.

Aber die Sonne greift schon nach uns
und flicht uns das Glück in das Haar.

Mittag in einem griechischen Dorf

Auf den Mauern
rastet der Tag.

Die Häuser verkriechen sich
hinter ihren Unauffälligkeiten.

Vor der Kirche döst
eine Katze in der Sonne.

Nichts geschieht.

Die Stunden verlieren sich
in ihrer Leere.

Der Wind streut seine Spur
aus Sand
vor deine Tür.

Römische Gedichte

1

Licht aus Marmor.

Eine Inschrift
aus Stille geschnitten.

Die Großbuchstaben
des Namenlosen.

Die Katzen und
das Gras halten
Freundschaft
mit der Sonne.

2

Marc Aurel
reitet über die
lärmende Piazza.

Die Hand ausgestreckt –
spendet sie Segen
oder sucht sie nur
einen Halt?

Das Pferd scheuend
vor dem Sprung
in die Menge.

Über die Broncehaut
läuft das Geäder
der Zeit.

Niemand weiß,
dass die offenen Augen
des Kaisers
blind sind.

3

Zwischen den Mauern
der scipionischen Gärten
der dunstige Atem
der Zeit.
Der Wind blättert
Jahrtausende auf.

Im Staub dieses Tags
noch einmal
die alten Zeichen.

Über die schmale Straße
jagen die Autos
den sprachlosen Tag.

4

Keine der Schriften
wirst du entziffern.

Zwischen den Steinen
gehen die Reisenden
unruhig auf und ab.

Nichts zu finden
in den Stadtplänen
und klugen Kommentaren.

Zwei Schritte vor dir
sitzt am Gemäuer
die Antwort
des Schmetterlings.

5

Die Schnelligkeit
der Eidechsen
zwischen den Steinen
der Roma quadrata.
Der grüne Augenblick,
den du befragst.
Später findest du ihn wieder
im Schatten der Zypressen
der farnesianischen Gärten.
Im sinkenden Licht
wächst er über die Hänge hinab
in die geschäftigen Gärten.
Um Mitternacht
lagert er im Mondlicht
hinter Hadrians
Totenhaus.

6

Am Abend dann
im sinkenden Licht
Michelangelos Kuppel.

Die Krone,
über dem Dunste der Stadt.
Der Kreis,
der Himmel und Erde
verbindet.

Einer ist auferstanden
aus unserem Staub.
Schwerelos
Stein und Licht.

Ehe es fortgeht,
das Licht,
malt es sein Zeichen
in unseren Traum.

Vor Kythera

Nein, diese Insel wirst du nicht
betreten. Du musst etwas
auslassen in deinem Leben.

Etwas, das dir nahe kommt.
Im Halbkreis schwingen die Höhen
vor deinem Blick. Steilabfälle,
Gerippe von Felsen, versteckte
Fäuste: ein altes Fort.

Nicht hinübergehen zu den Bars
und Geschäften, auch nicht zum Kirchlein
über dem grauen Gestein.

Nur warten
auf die Rückkehr der Wellen.

Der Bildhauer

Er hatte die Marmortafel
mit seinen Träumen beladen.

Er zeichnete die Szene
am Grab in den Stein,
Schattenrillen und helle Grate.

Wie eine Mutter von ihrem Kind
Abschied nimmt.

Wie ihre Blicke zur Erde sinken,
die Schwerkraft der Trauer.

Wie das Kind, schon im Arme
des Todes, noch einmal die Hand hebt.

Diese kleine Gebärde
vor so viel Verlassenheit.

Südlicher Strand

Kinder, die durch die Pfützen
von gestern rennen,
Geschrei und Lust,
Harlekinaden des Alltags.

Frauen, die unter Sonnenschirmen
kauern und Hoffnungen
auf ihren Tischen ausbreiten.

Drüben der Dunst,
der aus dem Wasser steigt,
die Schleiergewänder der Berge.

Während eine Sonnengasse
den Strand wärmt, schreitet
Antigone vorbei.

Das Unglück hat einen Namen,
aber sie kennt ihn noch nicht.
Niemand redet ihr aus,
was sie erwartet.

PAESTUM

Die Dämmerung entlässt die Landschaft
in ihr dunkelndes Bett.
Die Sonne zieht ihre Finger
unmerklich zurück.
Sie geht über das Meer
davon.

Oleander und Judasbaum
duften durch die geräumige Stille.
Der Säulenschaft bewahrt das Gedächtnis
der ockergelben Farbe.

Poseidon nur steigt aus der Brandung
und trägt den sterbenden Tag
ins Geviert des Tempels.

Hinauf ins Gebälk
flattern die schwarzen Vögel
und bergen sich in den Armen
des längst vergessenen Gotts.

»… aufgelesen aus auseinander gefallenen Träumen …«

TAGESANBRUCH

Die Vögel musizieren,
und die Blumen atmen
den Morgen, und hinter
dem Horizont hauchen
die Mädchen die verfliegenden
Redensarten des einen
noch immer unerhörten
Traums.

TEMPEL AM MEER

Auf den Säulen ruht
das Gebälk des Himmels.

Ein Regen aus wilden Rosen
schäumt über den Abhang.

Die Erde wirft ihre Opfergabe
dem Meer vor die Füße.

Cinque Terre
Ein Gedichtzyklus

für meine Töchter Susanne, Corinna, Constanze

Monterosso

Der Tag kommt
mit Wolkenfahnen
über das Meer.
Der Wind schlägt
mit salziger Brandung
die Strände.
Hinter den Fenstern
erwachen
die alten Träume.
Sie laufen auf
nackten Sohlen
über den Kies
den Wellensegeln
der Hoffnung
entgegen.

Die Möwe

Eine einzige Möwe
fliegt in weiten Schwüngen
die Küste ab.
In ihrem Schrei
über den Felsen
brennt dieser Tag.
Sie trägt ihn heim,
verbirgt ihn
in den Spalten
des Gesteins
unter den Schwertern
der Agaven.
Morgen schwemmt
ihn der Regen
herab,
wirft ihn
ins Meer.
Wenn ich Glück habe,
finde ich ihn,
das Sandkorn,
zwischen den
Fingern.

WASSER

Wasser,
Metapher
für die Unendlichkeit.

Immer wieder
lassen wir uns
mit seiner
Oberfläche ein.

In kräftigen Stößen
schwimmen wir
hinaus.

Unsere Arme
suchen des
Unsicheren Herr
zu werden.

Aber das Wasser
trägt uns zurück
und wirft uns
als Treibholz
an Land.

Das Licht

Im Licht,
das über dem Meer
ruht,
wird alles
unscheinbarer.
Die Felsenküste
von Riomaggiore
löst ihr Schattenbild
auf.
Die Boote der Fischer
lassen sich
von den Augen
nicht halten.
Schon nach wenigen
Schritten
wird man fragen,
ob wir noch
da sind.

SÄTZE AM MITTAG

Die Hitze des Mittags,
der unbewegliche Horizont
aus Licht.
Die graue Geduld
der Felsen.
Salzluft, die unsere
Lungen füllt.
Der Kies unter den Füßen,
der unsere Schritte
unsicher macht.
Die Lust, auf einer Lichtspur
hinauszuschwimmen.
»*Buon giorno*«, das freundliche
Nicken der Nachbarn.
Die Einfachheit der Dinge
am Rande der Welt.

Im Hotelgarten

Im Kiesgarten des Hotels
zieht der Nachmittag ein.
Er hängt seine langen Schatten
zwischen die Palmen und Pinien.
Die Gespräche versickern
von Tisch zu Tisch.
Das Schweigen wird groß
und wächst im Dunkel der Mauern.
Der Tag huscht als Katze
über die Dächer davon.

Die alten Geschichten

Zwischen den Badenden am Strand
gehen die alten Geschichten umher.
Sie setzen sich in den Schatten
der Schirme, unbemerkt.
Manchmal, wenn ich vom Schwimmen
zurückkomme, blicken sie mich an,
zögernd und traurig.

Die Operation nächste Woche, die Angst
vor der Heimkehr, das Gemessenwerden
an den Anderen.

Am Abend, wenn der Wind
über das Meer kommt, ducken
die Angstgeschichten sich wieder
in eine neue Nacht.

Abschied vom Süden

Wenn du fortfährst,
nimm die Zeichen der Pflanzen mit:
den Oleander für die Schönheit
und den Lorbeer für das Ansehen,
die Agave für die Härte
und die Kaktee fürs Überleben,
ein paar Blüten und ihren Duft
für die Vergänglichkeit
und die Liebe
und die scheue Mimose
für deine Angst.

Fahr über die Berge davon
mit den Bildern des Traums,
den du gesehen,
und finde vor der letzten Kehre
im Abendlicht
einen Ölbaumzweig
für den Frieden.

»Wo die Götter auf Erden wandeln, da wird auch der physikalische Raum gesprengt und zunichte gemacht, da waltet nicht die profane nicht-umkehrbare Zeit, sondern die zeitlose Gegenwart des Göttlichen.«

Giovanni Battista Vico

Im Schatten des Ölbaums

Im Schatten des Ölbaums
betrachtest du den Tag.
Das Geschrei des Morgens
gerann in der Stille.
Die Kinder und der Wind
lungern hinter den Mauern.
Die Hitze schlägt dir
gegen die Stirn.
Gleich kommt Picasso
und zieht um die Stunde
einen kräftigen Strich.

Du wirst nicht entkommen.

Die kleine Stadt

Der Mittag
steht an den Himmel
geschrieben.

Eine Stunde lang
atme ich
Licht.

Die kleine Stadt
duckt sich
in einen Traum.

Durch die Stille
kriechen Gespenster.

Ich weiß nicht,
aus welcher Helle
sie kommen.
Geblendet
such ich
den Abend.

Verlässliche Nachricht

Dass es Tag wird,
immer wieder Tag.
Das Vertrauen auf
den Kalender.
Es überwölbt unser Leben.
Wir bleiben hinter ihm zurück.
Die Unsicherheit
unseres Herzschlags.
Die fliehende Zeit
holt er nicht ein.

Einfaches Leben

Es ist Stille
um ein Wort.
Nur Luft ist unterwegs
und Licht
und die Einmaligkeit
des Augenblicks,
der sich uns öffnet.

Wenn der Tag sich neigt

Der ausgebleichte Himmel
lässt den Abend erträglich werden.
Im Windhauch öffnet sich uns
der Atem.
Durch die Finsternis
weht uns ein Traum.

Diese schöne Welt

Den Tag heraufkommen sehen
aus dem Schatten, dem Schweigen.

Die Lichtspur des Taus
auf einem Grashalm.

Töne, aus einer Flöte
entlassen.

Dasein, ein Vogel,
der aus meinem Blick fliegt.

Verwundertsein:

Dagegenreden,
allen Einverständnissen
zum Trotz

DORTHIN, WO DAS MEER BEGINNT

Das Licht übt sich seit Urzeiten
an den Umrissen der Welt.

Die Berge steigen jeden Morgen
erneut aus dem Meer.

Gewaltig zeigen sie uns
das Sichere.

Warum aber
drängen wir vorwärts
zum Abgrund,
dorthin, wo das Meer beginnt,
in die Ungewissheit
eines jeglichen neuen Tags?

Was reißt uns
von unseren teuer erkauften
Sesseln?

Der Morgen glänzt silbern
und wandert schwerelos
ins Licht.

ODYSSEUS

Irgendwo, sage ich,
irgendwo.

Der Kompass zeigt zitternd
die Richtung.

Ich lege die Hände
aufs Logbuch
und schreibe
den Abschiedssatz Scotts.

Kein Homer
wird meine Irrfahrten
verzeichnen.

Salamis

Die Hügel schwimmen
im Gegenlicht,
lautlos.

Schwarz wachsen sie
in Xerxes' Blick.

Silber tropft von den Ruderblättern
versunkener Trieren.

Tanker ankern
im Rost des Abends,
Riesenleiber über dem
schweigenden Grab.

Nur das Wasser weiß noch,
was es verbirgt.

Unter vergessenen Schreien
färbt sich der Mond
rot.

Nur Geduld hört die Musik hinter der Musik

Im Luberon

Steingrauer Tag.
Eine Höhle, in der
das Licht brennt.
Sohlen, die sich
am harten Geröllboden
stoßen.
Schlangen zischen
unter dem Ginster.
Sisyphos wälzt am Hang
unablässig den Stein
hoch.
Ein paar Kilometer weiter
liegt Albert Camus
im Grab
und flüchtet sich
aus dem Absurden.

Isle-sur-la-Sorgue

Platanenlicht. Die warme Stille
am Mittag.
Zwischen den Mauern
spült der Bach
Gedichtzeilen vorbei.
In der Kirche
stürzt das Dunkel
aus den Gewölben.
Vielleicht gehe ich hinüber
ins Buchgeschäft
und blättere zwischen den Versen
von René Char.
Dort
oder im Schrei
einer Wachtel
fänd' ich
die Antwort.

Provencalische Farben

In der Provence wachsen
dem Lavendel Flügel.
Ich beschreibe sie
mit einem blauvioletten
Stift.

Die Nächte bevölkern sich
mit van Goghs Sternen.
Der Morgen reitet
in einem Hahnenschrei
über die Kammlinie
der Alpillen.

Das Licht
reißt den schwarzen Vorhang
vom Himmel.

für den Glauben
eines einzigen Tags.

Ankunft in Senanque

Diese heftigen, undurchdringlichen
Farben des Lavendels.
Insekten umsummen
seine betäubenden Botschaften.
Die Mauern der Abtei
halten noch immer den Atem an.
Auch das Gerede der Touristen
versinkt in einem Staunen.
In den Felsen knistert
die Hitze.
Sie und das Lächeln eines Kindes
verbreiten nichts als Irritationen.

Der Tag blickt ins Tal herab
und verbirgt sich in Schweigen.

SARKOPHAG IN ARLES
(»dulcissimae et innocentissimae filiae«
– der süßesten und unschuldigsten Tochter)

Welche Süße könntest du
jetzt noch haben,
zweitausend-und-ein Jahr
nach den Träumen
deiner jungen Jahre?
Welche Unschuld nach all
den Schmerzen von Mutter und Vater?

Für dich, Liebes, büßt noch allein
unaufhörlich
der Staub,
die Inschrift auf der Leere
des Schreins.

Illiers

Die alte Frau
mit den Melonen
in der Hand
auf dem Markt
vor der grauen Kirche
von Illiers:
plötzlich
springt ein Leuchten
in ihr Gesicht,
hält sie die Früchte
hoch
vor dem Einfall
des Lichts,
als hätte sie
soeben
die verlorene Zeit
wiedergefunden.

In der Höhle von Lascaux

1

Nicht fertig werden
mit den Schatten,
den Holzkohlestrichen,
den schwindenden Farben,
dem Blut und dem Tod,
den Jagden
über aufgebrochene Felsen.

Nicht fertig werden
mit den Beschwörungen
der Stille, dem fernen
Keuchen der Hengste,
den Schreien des Auges
im Anblick des
Jägers.

Nicht fertig werden
mit den raschen Zügen
der Fallensteller,
der Angst,
die über die Wände flieht,
dem Luftbild
der Freiheit.

2

Dieses schäumende, in den Stein
ausbrechende Ross.
Diese flüchtige Erde.
Im Beben der Flanken
eingefangene Dämonen.
Worte, die sich an den
Wänden brechen,
Sprache aus vergessenen
Gebärden.

Nichts mehr davon.
Keine Silbe holt
mich ein.

Nur der Hufschlag
über der Steppe
und der Staub
verlorener Jagden.

GRIECHENLAND

Die Thermopylen
aufgeschüttet.
Kein Stein weiß
noch etwas von
Leonidas.
Die Wanderer, die
vorbeikommen,
gehen nicht nach Sparta.
Am Autobahnparkplatz,
hinter einer bretternen
Hütte, liegen sie
und starren in das
zeichenlose Blau,
keiner Worte
mehr mächtig.

Eleusis 1984

Niemand mehr glaubt
an das Geheimnis.
Es genügt
das Vertrauen
auf Petrochemie.

Epidauros

Muschel, Ohr,
in dem die Wunde
des Weltalls brennt.
Kunde von Glück
und Verzweiflung,
dem Tod Agamemnons
und der Rache Orests.

Muschel, Ohr,
Spiel vor zehntausend
weißen Gesichtern:
Antlitz
des rächenden,
gnädigen Gotts.

Und am Ende
nichts
als das Weltall:
Leere,
die in unseren Herzen
brennt.

Der Blick ins Tal

Vielleicht hätte dir Ephesus
gar nicht gefallen.
Zuviele Säulen, zuviele Geschäfte,
zuviele Händler mit ihrem Geschrei.
Vielleicht wärst du lieber
in ein Dorf hinter dem Bergzug
gegangen, dorthin, wo die
kleinen Leute leben
mit ihren Schafen und Ziegen
und der Wäsche am Zaun
zwischen den Hütten.

Du hättest nur ab und zu
von der Anhöhe hinuntergeschaut
auf die Stadt mit ihren glänzenden Schiffen.
Wie sie die Fässer mit dem schweren Wein
in die Schuppen beim Tempel rollen
und der Lärm in den Kneipen anschwillt.

Bis in der Nacht der Himmel sich rötet
und ein Flüchtiger dir zuruft:
Groß ist die Diana der Epheser!

EPHESUS
für Brigitte

Hier also
die lange Marmorstraße
hinuntergehen, zwischen den
Säulenschatten und Duftwolken
aus Thymian und leuchtendem Dill.

Bevor die Touristen kommen
und ihre Pfennige in die Luft werfen,
den einen Laut zu hören,
den einen Satz Heraklits.

Hier also
noch einmal mit dir sein,
als wäre Artemis noch nicht
im Tempelwunder verbrannt
und deine Zeit noch lange die meine,
die unsrige,
das Geheimnis,
das nur uns beiden gehört.

UNVERWUNDBAR

Am Wegrand zwischen den Trümmern
und dem Gesträuch die Gestalt,
kopflos und abgewandt,
ganz nur bei sich und so nicht allein.

Sie weiß noch, wie Heraklit herübersah
und ihr zunickte unter den
Bewegungen der Zeit.

Jetzt aber ohne Kopf und unverwundbar
im weißen Licht des Tempels,
von dem nur noch eine Säule steht
und sich gegen den Untergang stemmt,
der uns allen verordnet.

ANBLICK DES MEERES

Jeden Tag die unergründlichen Verse
des Meeres.
Daktylen der Wogen,
Hexameter, gegen die Küste
geschleudert.
Das Auf-und-ab des Blaus,
das Ineinander
von Himmel und Erde.

Jeden Tag dieses Meer,
Poesie des Sich-Entziehenden,
ungesagte Silben,
aufsprühend,
Salz,
brennend
auf meiner Zunge.

Nichts als Licht

Irgendwann werde ich hinaustreten
über den Rand der sicheren Erde.

Der Boden unter den Füßen
wird hohl werden und brüchig.

Nichts mehr wird mich begleiten,
nur meine Angst.

Mit Händen und Armen werde ich
um mich schlagen im Leeren.

Vor den Augen wird nichts sein
als Licht, in dem ich verbrenne.

*»Aber wie Orpheus weiß ich
auf der Seite des Todes das Leben,
und mir blaut
dein für immer geschlossenes Aug.«*

Ingeborg Bachmann

WEISSE STUNDE

Das Ermüden des Uhrwerks.
Das Zittern, das durch
den Zeiger rinnt.
Das Verharren auf einer
bestimmten Minute.

Ausgesucht ist alles
für ein unauffälliges
Verschwinden.

Die Schatten

Diese Reden
aus lauter fremden
Sprachen.

Diese Verkleidungen
aus Vers und Vers.

Diese Blumen
im Garten, die
etwas vortäuschen,
das noch nicht
begonnen hat.

Seine Schatten
flackern schon
um meine Hand.

GEWEBE

Aus dem Baum
am Wegrand
wächst mir ein Satz
entgegen.

Das rostige Gitter
klirrt in einem
heiseren Wort.

Über der Linie
des Horizonts
balanciert
eine luftige Silbe.

Ich mache mich auf den Weg,
immer wieder
sie mit dem Faden der Schrift
zu umstellen.

Hiersein

Ein Mittag, der sich
in Licht auflöst.

Wo du bist, ist
Dunkelheit,
das Schweigen
des Weglosen.

Hierher gehören
in das Zwielicht
dieser Tage.

Das Zwischenlicht,
mit dem du dich
abfindest,
bevor der Schrecken
des Vollkommenen
dich vernichtet.

ALTERSWEISHEIT

Wenn das Augenlicht weg ist
nur die Erinnerung lebt
tief in den Urnengängen
des Kopfes

Wenn du nur noch zu Hause bist
in den lichtlosen Schächten
deiner unverhofften Wörter

WIE ALT IST UNSRE ERINNERUNG?

Dass es das Licht gibt,
diese kreidehellen Tage
über der Crau,
dort, wo das Skelett
der Alpillen
aus der Ebene steigt, -
wer sagt mir,
das sei keine Legende
in unserem eingedunkelten
Winter?
Dass es die regenverwaschenen
Tage in unseren Tälern gibt,
hierzulande
in Tacitus' grauem Germanien, -
wer sagt mir,
das habe kein Irrer erfunden
in einem ausgebleichten Sommer?
Wie alt ist unsere Erinnerung,
wie alt das Bild,
das unsre Netzhaut berührt?

VERONA

Eine Lichtbahn
über das Pflaster
wandernd.

Das satte Gelb
der Scaligermauer.

Putz, den der Wind
von den Fassaden
reibt.

In den alten Gärten
immer noch
Nachtigallen
und keine
Lerchen.

Aber Julias Balkon
ist leer.

OHNE TRAUER

Die Bäume die Säulen
die den Himmel tragen
immer noch
nach all den
Auf- und Untergängen

Diese schöne Stille
die darunter weilt
und uns selbst
still werden lässt

Wir drehen den Kopf in den Wind
und vernehmen hinter dem Lärm
unserer Tage das vergessene Schweigen

Wohin du auch gehst
bist du plötzlich allein

Was dir bleibt ist das
Geschenk deines Augenblicks

MUSIK

Auffliegende Reiher
über einem abendlichen See.

Letztes Sonnenlicht
zwischen zerfasernden
Wolkenbänken.

Kinder, die in die Hände
klatschen, bevor sie davonrennen.

Das Alleinsein von ein paar Tönen
auf der Stirne der Mitternacht.

HERBSTBEGINN

Das Hineinhorchen in die Luft,
die jetzt schon den Herbst beherbergt.

Das Rascheln der Blätter
unter unseren Schuhen.

Licht, das sich gebräunt hat,
und die dunklen Töne der Violen.

Die Wolken, die nicht
voneinander lassen können.

Vogelschwingen, auf denen
der Sommer entgleitet.

Schmerzen, die aus
dem Dunkel fallen.

Ungelenke Sätze,
in denen wir trauern.

ÜBERRESTE

Zurück bleiben die kläglichen
Würfe der Knochen.
Nicht weit von Schleierkraut
und Regenwurm.
Übriggelassen für Archäologen
und Museumspädagogen.
Kinder, die auf uns
herumtanzen.
Nachtvögel, die uns
den Sternen verkaufen.

Flussbild

Von weither,
weither durch die Ebene
der unbezwingbare Fluss.

Die Berge weichen
zurück, die Felder suchen
die rettende Linie
des Horizonts.

Städte und Dörfer
machen sich klein
und ducken sich
vor den Wassern.

Keine Brücke mehr
wagt den Übersprung.
Nur die Wasserhaut
trägt mein Gesicht
mühelos in die Unfassbarkeit
jenseitigen Lichts.

INHALT

Über den Fluten · 9
Kommen und Gehen · 10
Der Steinbrucharbeiter · 11
Kap Sunion · 12
Nike, eine Sandale lösend · 13
Im Griechischen Theater von Syrakus · 14
Brancusi · 15
Agamemnon kommt · 16
Mykene · 17
Mohn aus Mykene · 18

Athen · 21
Kretischer Morgen · 22
Mittag in einem griechischen Dorf · 23
Römische Gedichte · 24
Vor Kythera · 28
Der Bildhauer · 29
Südlicher Strand · 30
Paestum · 31

Tagesanbruch · 35
Tempel am Meer · 36
Cinque Terre · 37
Monterosso · 38
Die Möwe · 39
Wasser · 40
Das Licht · 41
Sätze am Mittag · 42
Im Hotelgarten · 43
Die alten Geschichten · 44
Abschied vom Süden · 45

Im Schatten des Ölbaums · 49
Die kleine Stadt · 50
Verlässliche Nachricht · 51

Einfaches Leben · 52
Wenn der Tag sich neigt · 53
Diese schöne Welt · 54
Dorthin, wo das Meer beginnt · 55
Odysseus · 56
Salamis · 57

Im Luberon · 61
Isle-sur-la-Sorgue · 62
Provencalische Farben · 63
Ankunft in Senanque · 64
Sarkophag in Arles · 65
Illiers · 66
In der Höhle von Lascaux · 67
Griechenland · 69
Eleusis 1984 · 70
Epidauros · 71
Der Blick ins Tal · 72
Ephesus · 73
Unverwundbar · 74
Anblick des Meeres · 75
Nichts als Licht · 76

Weiße Stunde · 79
Die Schatten · 80
Gewebe · 81
Hiersein · 82
Altersweisheit · 83
Wie alt ist unsre Erinnerung? · 84
Verona · 85
Ohne Trauer · 86
Musik · 87
Herbstbeginn · 88
Überreste · 89
Flussbild · 90